Impressum
Verlag: BABADADA GmbH, Nedderfeld 112 , 22529 Hamburg
Geschäftsführer / Verlagsleitung: Harald Hof
Druck: Books on Demand GmbH, In de Tarpen 42, 22848 Norderstedt

Imprint
Publisher: BABADADA GmbH, Nedderfeld 112 , 22529 Hamburg, Germany
Managing Director / Publishing direction: Harald Hof
Print: Books on Demand GmbH, In de Tarpen 42, 22848 Norderstedt, Germany

salle de classe
классная комната

diviser
делить

186/2

tableau noir
доска

cour de récréation
школьный двор

enseignant
учитель

papier
бумага

écrire
писать

stylo
ручка

bureau
письменный стол

règle
линейка

livre
книга

élève
ученик

sac d'école

ранец

trousse

пенал

crayon

карандаш

taille-crayon

точилка

gomme

ластик

carnet à dessin

альбом для рисования

dessin

рисунок

pinceau

кисточка

boîte de peinture

коробка красок

ciseaux

ножницы

colle

клей

cahier d'exercices

тетрадь

tâches

домашняя работа

chiffre

цифра

additionner

прибавлять

soustraire

вычитать

multiplier

умножать

calculer

считать

lettre

буква

alphabet

алфавит

mot

слово

texte

текст

lire

читать

craie

мел

leçon

урок

livre de classe

классный журнал

examen

экзамен

certificat

диплом

uniforme scolaire

школьная форма

formation

образование

lexique

энциклопедия

université

университет

microscope

микроскоп

carte

карта

corbeille à papier

корзина для бумаг

hôtel
гостиница

auberge
турбаза

bureau de change
пункт обмена валюты

valise
чемодан

voiture
автомобиль

langue

язык

oui / non

да / нет

d'accord

хорошо

Salut

Привет

interprète

переводчик

merci

Спасибо

Combien coûte…?

Сколько стоит…?

Je ne comprends pas

Я не понимаю

problème

проблема

Bonsoir!

Добрый вечер!

Bonjour!

Доброе утро!

Bonne nuit!

Доброй ночи!

Au revoir

До свидания

direction

направление

bagages

багаж

sac

сумка

sac-à-dos

рюкзак

hôte

гость

pièce

комната

sac de couchage

спальный мешок

tente

палатка

voyage - путешествие

office de tourisme

туристическая информация

plage

пляж

carte de crédit

кредитная карточка

petit-déjeuner

завтрак

déjeuner

обед

dîner

ужин

billet

билет

ascenseur

лифт

timbre

почтовая марка

frontière

граница

douane

таможня

ambassade

посольство

visa

виза

passeport

паспорт

voyage - путешествие

avion
самолёт

navire
корабль

véhicule de pompiers
пожарный автомобиль

bus
автобус

camion
грузовик

bateau à moteur
моторная лодка

bicyclette
велосипед

voiture
автомобиль

ferry

паром

barque

лодка

moto

мотоцикл

voiture de police

полицейский автомобиль

voiture de course

гоночный автомобиль

voiture de location

арендованный
автомобиль

autopartage

совместное пользование
автомобилями

dépanneuse

буксировочный
автомобиль

benne à ordures

мусоровоз

moteur

двигатель

essence

топливо

station d'essence

заправка

panneau indicateur

дорожный знак

trafic

движение

embouteillage

пробка

parking

автостоянка

gare

вокзал

rails

рельсы

train

поезд

tram

трамвай

wagon

вагон

hélicoptère

вертолёт

aéroport

аэропорт

tour

вышка

passager

пассажир

container

контейнер

carton

коробка

chariot

тележка

corbeille

корзина

décoller / atterrir

взлетать / приземляться

ville

город

village

деревня

centre-ville

центр города

maison

дом

cinéma
кинотеатр

publicité
реклама

réverbère
уличный фонарь

CINEMA

rue
улица

taxi
такси

kiosque
киоск

piéton
пешеход

trottoir
тротуар

passage piéton
пешеходный переход

poubelle
мусорное ведро

carrefour
перекрёсток

feux de circulation
светофор

cabane
хижина

appartement
квартира

gare
вокзал

mairie
ратуша

musée
музей

école
школа

université

университет

banque

банк

hôpital

больница

hôtel

гостиница

pharmacie

аптека

bureau

офис

librairie

книжный магазин

magasin

магазин

fleuriste

цветочный магазин

supermarché

супермаркет

marché

рынок

grand magasin

универмаг

poissonnerie

торговец рыбой

centre commercial

торговый центр

port

порт

parc

парк

banque

скамейка

pont

мост

escaliers

лестница

métro

метро

tunnel

тоннель

arrêt de bus

автобусная остановка

bar

бар

restaurant

ресторан

boîte à lettres

почтовый ящик

panneau indicateur

табличка с названием
улицы

parcomètre

паркометр

zoo

зоопарк

réverbère

бассейн

mosquée

мечеть

ferme

ферма

pollution

загрязнение окружающей среды

cimetière

кладбище

église

церковь

aire de jeux

детская площадка

temple

храм

paysage
ландшафт

![paysage / ландшафт illustration with labels: feuille / лист, panneau indicateur / дорожный указатель, chemin / дорога, pré / луг, pierre / камень, arbre / дерево, randonneur / путешественник, rivière / река, herbe / трава, fleur / цветок]

feuille
лист

panneau indicateur
дорожный указатель

chemin
дорога

pré
луг

pierre
камень

arbre
дерево

randonneur
путешественник

rivière
река

herbe
трава

fleur
цветок

vallée

долина

montagne

гора

lac

озеро

forêt

лес

désert

пустыня

volcan

вулкан

château

замок

arc-en-ciel

радуга

champignon

гриб

palmier

пальма

moustique

комар

mouche

муха

fourmis

муравей

abeille

пчела

araignée

паук

scarabée

жук

grenouille

лягушка

écureuil

белка

hérisson

еж

lapin

заяц

chouette

сова

oiseau

птица

cygne

лебедь

sanglier

кабан

cerf

олень

élan

лось

barrage

плотина

éolienne

ветряной генератор

panneau solaire

солнечная батарея

climat

климат

serveur
официант

menu
меню

chaise
стул

soupe
суп

pizza
пицца

services
столовые приборы

nappe
скатерть

hors d'œuvre

закуска

plat principal

главное блюдо

dessert

десерт

boissons

напитки

alimentation

еда

bouteille

бутылка

fast-food

фастфуд

plats à emporter

уличная еда

théière

чайник

sucrier

сахарница

portion

порция

machine à expresso

кофеварка

chaise haute

детский стульчик

facture

счет

plateau

поднос

couteau

нож

fourchette

вилка

cuillère

ложка

cuillère à thé

чайная ложка

serviette

салфетка

verre

стакан

assiette

тарелка

assiette à soupe

суповая тарелка

soucoupe

блюдце

sauce

соус

salière

солонка

moulin à poivre

мельница для перца

vinaigre

уксус

huile

масло

épices

специи

ketchup

кетчуп

moutarde

горчица

mayonnaise

майонез

offre promotionnelle
специальное предложение

client
покупатель

produits laitiers
молочные продукты

caddie
тележка для покупок

fruits
фрукты

FOR

boucherie

мясной магазин

boulangerie

пекарня

peser

взвешивать

légumes

овощи

viande

мясо

aliments surgelés

быстрозамороженные
продукты

charcuterie

нарезка

conserves

консервы

poudre à lessive

стиральный порошок

bonbons

сладости

articménagers

предмет домашнего обихода

détergents

моющее средство

vendeuse

продавщица

caisse

касса

caissier

кассир

liste d'achats

список покупок

heures d'ouverture

время работы

portefeuille

бумажник

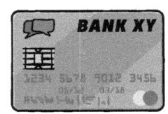

carte de crédit

кредитная карточка

sac

сумка

sac en plastique

полиэтиленовый пакет

eau

вода

jus de fruit

сок

lait

молоко

coca

кока-кола

vin

вино

bière

пиво

alcool

алкоголь

chocolat chaud

какао

thé

чай

café

кофе

expresso

эспрессо

cappuccino

капучино

banane

банан

pomme

яблоко

orange

апельсин

melon

арбуз

citron

лимон

carotte

морковь

ail

чеснок

bambou

бамбук

oignon

лук

champignon

гриб

noisettes

орехи

pâtes

лапша

spaghettis

спагетти

riz

рис

salade

салат

frites

картофель фри

pommes de terre rôties

жареный картофель

pizza

пицца

hamburger

гамбургер

sandwich

сэндвич

escalope

шницель

jambon

ветчина

salami

салями

saucisse

колбаса

poulet

курица

rôti

жаркое

poisson

рыба

flocons d'avoine

овсяные хлопья

muesli

мюсли

cornflakes

кукурузные хлопья

farine

мука

croissant

круассан

petits-pains

булочка

pain

хлеб

pain grillé

тост

biscuits

печенье

beurre

масло

fromage blanc

творог

gâteau

пирог

œuf

яйцо

œuf au plat

яичница

fromage

сыр

glace

мороженое

sucre

сахар

miel

мёд

confiture

мармелад

crème nougat

крем с нугой

curry

карри

ferme
крестьянский дом

botte de paille
тюк из соломы

grange
сарай

champ
поле

cheval
лошадь

remorque
прицеп

poulain
жеребёнок

tracteur
трактор

âne
осёл

mouton
овца

agneau
ягнёнок

chèvre

коза

vache

корова

veau

телёнок

porc

свинья

porcelet

поросёнок

taureau

бык

oie

гусь

canard

утка

poussin

цыплёнок

poule

курица

coq

петух

rat

крыса

chat

кошка

souris

мышь

bœuf

вол

chien

собака

chenil

конура

tuyau de jardin

садовый шланг

arrosoir

лейка

faucheuse

коса

charrue

плуг

ferme - ферма

faucille

серп

pioche

мотыга

fourche

навозные вилы

hache

топор

brouette

тачка

cuve

корыто

pot à lait

бидон для молока

sac

мешок

clôture

забор

étable

хлев

serre

теплица

sol

почва

semences

посев

engrais

удобрение

moissonneuse-batteuse

комбайн

récolter

собирать урожай

récolte

урожай

igname

ямс

blé

пшеница

soja

соя

pomme de terre

картофель

maïs

кукуруза

colza

рапс

arbre fruitier

фруктовое дерево

manioc

маниок

céréales

злаки

cheminée
дымоход

toit
крыша

gouttière
водосточный желоб

fenêtre
окно

garage
гараж

sonnette
звонок

porte
дверь

poubelle
мусорное ведро

boîte aux lettres
почтовый ящик

jardin
сад

salon

гостиная

chambre de bain

ванная комната

cuisine

кухня

chambre à coucher

спальня

chambre d'enfant

детская комната

salle à manger

столовая

sol
....
пол

mur
....
стена

plafond
....
потолок

cave
....
подвал

sauna
....
сауна

balcon
....
балкон

terrasse
....
терраса

piscine
....
бассейн

tondeuse à gazon
....
газонокосилка

fourre de duvet
....
пододеяльник

couette
....
покрывало

lit
....
кровать

balai
....
метла

sceau
....
ведро

interrupteur
....
выключатель

papier peint
обои

image
рисунок

lampe
лампа

étagère
полка

armoire
шкаф

télé
телевизор

cheminée
камин

fleur
цветок

coussin
подушка

canapé
диван

vase
ваза

télécommande
пульт дистанционного управления

tapis
ковёр

rideau
штора

table
стол

chaise
стул

chaise à bascule
кресло-качалка

fauteuil
кресло

livre

книга

couverture

покрывало

décoration

украшение

bois de chauffage

дрова

film

фильм

chaîne hi-fi

стереосистема

clé

ключ

journal

газета

peinture

картина

poster

плакат

radio

радио

bloc-notes

блокнот

aspirateur

пылесос

cactus

кактус

bougie

свеча

frig о
холодильник

four à micro-ondes
микроволновая печь

balance de cuisine
кухонные весы

toasteur
тостер

détergent
моющее средство

four
духовка

compartiment congélateur
морозилка

poubelle
мусорное ведро

lave-vaisselle
посудомоечная машина

four
....
плита

casserole
....
кастрюля

marmite
....
чугунный котелок

wok/kadai
....
вок / кадай

poêle
....
сковорода

bouilloire électrique
....
чайник

cuiseur vapeur

пароварка

plaque de cuisson

противень

vaisselle

посуда

gobelet

кружка

bol

миска

baguettes

палочки для еды

louche

половник

spatule

лопатка

fouet

сбивалка

passoire

сито

tamis

сито

râpe

тёрка

mortier

ступка

barbecue

гриль

cheminée

костёр

planche à découper
доска

rouleau à pâtisserie
скалка

tire-bouchon
штопор

boîte
жестяная банка

ouvre-boîte
консервный нож

maniques
прихватка

lavabo
раковина

brosse
щетка

éponge
губка

mixeur
миксер

congélateur
морозильная камера

biberon
бутылочка для кормления

robinet
кран

chauffage
отопление

douche
душ

serviette
полотенце

rideau de douche
душевая занавеска

bain moussant
пенистая ванна

baignoire
ванна

verre
стакан

machine à laver
стиральная машина

robinet
кран

carrelage
плитка

pot
горшок

lavabo
раковина

toilettes
туалет

toilette à turque
напольный унитаз

bidet
биде

urinoir
писсуар

papier toilette
туалетная бумага

brosse à toilette
ершик

brosse à dents

зубная щетка

dentifrice

зубная паста

fil dentaire

зубная нить

laver

мыть

douche manuelle

ручной душ

douche intime

интимный душ

vasque

таз

brosse dorsale

щетка для спины

savon

мыло

gel douche

гель для душа

shampooing

шампунь

gant de toilette

мочалка

écoulement

сток

crème

крем

déodorant

дезодорант

miroir

зеркало

miroir cosmétique

ручное зеркало

rasoir

бритва

mousse à raser

пена для бритья

après-rasage

лосьон после бритья

peigne

расческа

brosse

щетка

sèche-cheveux

фен

laque pour cheveux

лак для волос

fond de teint

косметика

rouge à lèvres

губная помада

vernis à ongles

лак для ногтей

ouate

вата

coupe-ongles

маникюрные ножницы

parfum

духи

trousse de toilette

косметичка

tabouret

табуретка

balance

весы

peignoir

халат

gants de nettoyage

резиновые перчатки

tampon

тампон

serviettes hygiéniques

гигиеническая прокладка

toilette chimique

биотуалет

réveil
будильник

doudou
мягкая игрушка

voiture jouet
игрушечный автомобиль

hochet
погремушка

maison de poupée
кукольный домик

cadeau
подарок

ballon

воздушный шар

lit

кровать

poussette

детская коляска

jeu de cartes

карточная игра

puzzle

пазл

bande dessinée

комикс

pièces lego

кирпичики Лего

blocs de construction

кубики

figurine

игрушечная фигурка

grenouillère

ползунки

frisbee

фрисби

mobile

мобиле

jeu de société

настольная игра

dé

кубик

train miniature

модель железной дороги

sucette

соска

fête

вечеринка

livre d'images

книга с картинками

balle

мяч

poupée

кукла

jouer

играть

bac à sable

песочница

balançoire

качели

jouets

игрушка

console de jeu

игровая приставка

tricycle

трёхколесный велосипед

ours en peluche

плюшевый медвежонок

armoire

шкаф для одежды

vêtements
одежда

chaussettes

носки

bas

чулки

collant

колготки

écharpe
шарф

parapluie
зонтик

t-shirt
футболка

ceinture
ремень

baskets
кроссовки

bottes
сапоги

pantoufles
тапки

sandales
....
сандалии

chaussures
....
ботинки

bottes de caoutchouc
....
резиновые сапоги

linge de corps
....
трусы

soutien-gorge
....
бюстгальтер

maillot de corps
....
майка

vêtements - одежда

body

боди

pantalon

брюки

jean

джинсы

jupe

юбка

chemisier

блузка

chemise

рубашка

pull

свитер

pull-over à capuche

свитер

veste

спортивная куртка

veste

жакет

manteau

пальто

imperméable

плащ

costume

костюм

robe

платье

robe de mariée

свадебное платье

costume

мужской костюм

chemise de nuit

ночная сорочка

pyjama

пижама

sari

сари

foulard

платок

turban

тюрбан

burqa

паранджа

caftan

кафтан

abaya

абайя

maillot de bain

купальник

costume de bain

плавки

cuissettes

шорты

tenue d'entraînement

спортивный костюм

tablier

фартук

gants

перчатки

bouton

пуговица

lunettes

очки

bracelet

браслет

collier

цепочка

bague

кольцо

boucle d'oreille

серьга

bonnet

шапка

cintre

вешалка

chapeau

шляпа

cravate

галстук

fermeture éclair

застежка молния

casque

шлем

bretelles

подтяжки

uniforme scolaire

школьная форма

uniforme

форма

bavoir

детский нагрудник

sucette

соска

couche

подгузник

bureau
офис

serveur
сервер

armoire d'archivage
канцелярский шкаф

imprimante
принтер

papier
бумага

écran
монитор

bureau
письменный стол

souris
мышь

classeur
папка

clavier
клавиатура

corbeille à papier
корзина для бумаг

ordinateur
компьютер

chaise
стул

tasse à café

кофейная кружка

calculatrice

калькулятор

internet

интернет

ordinateur portable

ноутбук

lettre

письмо

message

сообщение

portable

мобильный телефон

réseau

сеть

photocopieuse

ксерокс

logiciel

программа

téléphone

телефон

prise

розетка

fax

факс

formulaire

формуляр

document

документ

acheter

покупать

payer

платить

marchander

торговать

monnaie

деньги

dollar

доллар

euro

евро

yen

иена

rouble

рубль

franc suisse

франк

renminbi yuan

жэньминьби юань

roupie

рупия

distributeur automatique

банкомат

bureau de change

пункт обмена валюты

or

золото

argent

серебро

pétrole

нефть

énergie

энергия

prix

цена

contrat

договор

taxe

налог

action

акция

travailler

работать

employé

служащий

employeur

работодатель

usine

фабрика

magasin

магазин

agent de police
милиционер

pompier
пожарный

cuisinier
повар

médecin
врач

pilote
пилот

jardinier

садовник

menuisier

столяр

couturière

швея

juge

судья

chimiste

химик

acteur

актёр

conducteur de bus

водитель автобуса

chauffeur de taxi

таксист

pêcheur

рыбак

femme de ménage

уборщица

couvreur

кровельщик

serveur

официант

chasseur

охотник

peintre

художник

boulanger

пекарь

électricien

электрик

ouvrier

строитель

ingénieur

инженер

boucher

мясник

plombier

сантехник

facteur

почтальон

soldat

солдат

architecte

архитектор

caissier

кассир

fleuriste

флорист

coiffeur

парикмахер

contrôleur

кондуктор

mécanicien

механик

capitaine

капитан

dentiste

зубной врач

scientifique

ученый

rabbin

раввин

imam

имам

moine

монах

prêtre

священник

marteau
молоток

pinces
плоскогубцы

tournevis
отвёртка

clé
гаечный ключ

torche
карманный фо

pelleteuse

экскаватор

boîte à outils

ящик для инструментов

échelle

стремянка

scie

пила

clous

гвозди

perceuse

дрель

réparer

ремонтировать

pelle

лопата

Mince!

Блин!

pelle

совок

pot de peinture

ведро с краской

vis

винты

instruments de musique
музыкальные инструменты

haut-parleur
громкоговоритель

batterie
ударный инструмент

guitare
гитара

contrebasse
контрабас

trompette
труба

piano

пианино

violon

скрипка

basse

бас-гитара

timbales

литавры

tambour

барабан

piano électrique

синтезатор

saxophone

саксофон

flûte

флейта

microphone

микрофон

entrée
вход

tigre
тигр

cage
клетка

zèbre
зебра

alimentation animale
корм

panda
панда

animaux

животные

éléphant

слон

kangourou

кенгуру

rhinocéros

носорог

gorille

горилла

ours

медведь

chameau

верблюд

autruche

страус

lion

лев

singe

обезьяна

flamand rose

фламинго

perroquet

попугай

ours polaire

белый медведь

pingouin

пингвин

requin

акула

paon

павлин

serpent

змея

crocodile

крокодил

gardien de zoo

служитель зоопарка

phoque

тюлень

jaguar

ягуар

poney

пони

léopard

леопард

hippopotame

бегемот

girafe

жираф

aigle

орёл

sanglier

кабан

poisson

рыба

tortue

черепаха

morse

морж

renard

лиса

gazelle

газель

sports
спорт

american Football
американский футбол

cyclisme
езда на велосипеде

tennis
теннис

basket-ball
баскетбол

natation
плавание

boxe
бокс

hockey sur glace
хоккей

football
футбол

badminton
бадминтон

athlétisme
лёгкая атлетика

handball
гандбол

ski
лыжный спорт

polo
поло

sauter
прыгать

embrasser
обнимать

rire
смеяться

marcher
идти

chanter
петь

rêver
мечтать

prier
молиться

faire la bise
целовать

écrire
....
писать

dessiner
....
рисовать

montrer
....
показывать

pousser
....
нажимать

donner
....
давать

prendre
....
брать

avoir

иметь

faire

делать

être

быть

être debout

стоять

courir

бежать

trier

тянуть

jeter

бросать

tomber

падать

être couché

лежать

attendre

ждать

porter

носить

être assis

сидеть

s'habiller

надевать

dormir

спать

se réveiller

просыпаться

regarder

рассматривать

pleurer

плакать

caresser

гладить

peigner

причесывать

parler

говорить

comprendre

понимать

demander

спрашивать

écouter

слушать

boire

пить

manger

кушать

ranger

наводить порядок

aimer

любить

cuire

готовить

conduire

ехать

voler

летать

faire de la voile

ходить под парусом

calculer

считать

lire

читать

apprendre

учиться

travailler

работать

se marier

вступать в брак

coudre

шить

se brosser les dents

чистить зубы

tuer

убивать

fumer

курить

envoyer

отправлять

grand-mère
бабушка

grand-père
дедушка

père
папа

mère
мама

bébé
младенец

fille
дочь

fils
сын

hôte

гость

tante

тётя

oncle

дядя

frère

брат

sœur

сестра

front
лоб

œil
глаз

épaule
плечо

doigt
палец

visage
лицо

menton
подбородок

main
кисть

poitrine
грудь

jambe
нога

bras
рука

bébé

младенец

homme

мужчина

femme

женщина

fille

девочка

garçon

мальчик

tête

голова

dos

спина

ventre

живот

nombril

пупок

orteil

палец ноги

talon

пятка

os

кость

hanche

бедро

genou

колено

coude

локоть

nez

нос

fesses

ягодицы

peau

кожа

joue

щека

oreille

ухо

lèvre

губа

bouche

рот

dent

зуб

langue

язык

cerveau

мозг

cœur

сердце

muscle

мышца

poumons

лёгкое

foie

печень

estomac

желудок

reins

почки

rapport sexuel

половой акт

préservatif

презерватив

ovule

яйцеклетка

sperme

сперма

grossesse

беременность

corps - тело

menstruation

менструация

vagin

вагина

pénis

пенис

sourcil

бровь

cheveux

волосы

cou

шея

hôpital
больница

ambulance
машина скорой помощи

fauteuil roulant
кресло-каталка

fracture
перелом

médecin

врач

service des urgences

пункт первой помощи

infirmière

медсестра

urgence

неотложный случай

inconscient

без сознания

douleur

боль

blessure

повреждение

hémorragie

кровотечение

crise cardiaque

инфаркт

attaque cérébrale

инсульт

allergie

аллергия

toux

кашель

fièvre

повышенная температура

grippe

грипп

diarrhée

понос

mal de tête

головная боль

cancer

рак

diabète

диабет

chirurgien

хирург

scalpel

скальпель

opération

операция

CT
....
КТ

radiographie
....
рентген

échographie
....
ультразвук

masque
....
маска

maladie
....
болезнь

salle d'attente
....
приёмная

béquille
....
костыль

pansement
....
пластырь

pansement
....
бинт

injection
....
укол

stéthoscope
....
стетоскоп

brancard
....
носилки

thermomètre
....
термометр

accouchement
....
рождение

surpoids
....
избыточный вес

appareil auditif

слуховой аппарат

désinfectant

дезинфекционное средство

infection

инфекция

virus

вирус

VIH / sida

ВИЧ / СПИД

médicament

лекарство

vaccination

прививка

tablettes

таблетки

pilule

противозачаточная таблетка

appel d'urgence

экстренный вызов

tensiomètre

прибор для измерения кровяного давления

malade / sain

больной / здоровый

Au secours!

Помогите!

alarme

сигнал тревоги

agression

нападение

attaque

атака

danger

опасность

sortie de secours

запасной выход

Au feu!

Пожар!

extincteur

огнетушитель

accident

несчастный случай

trousse de premier secours

аптечка

SOS

SOS

police

милиция

Europe

Европа

Amérique du Nord

Северная Америка

Amérique du Sud

Южная Америка

Afrique

Африка

Asie

Азия

Australie

Австралия

Océan atlantique

Атлантический океан

Océan pacifique

Тихий океан

Océan indien

Индийский океан

Océan antarctique

Антарктический океан

Océan arctique

Северный Ледовитый океан

Pônord

Северный полюс

Pôsud

Южный полюс

Antarctique

Антарктика

terre

земля

pays

суша

mer

море

île

остров

nation

нация

état

государство

cadran

циферблат

aiguille des heures

часовая стрелка

aiguille des minutes

минутная стрелка

aiguille des secondes

секундная стрелка

Quelle heure est-il?

Который час?

jour

день

temps

время

maintenant

сейчас

montre digitale

электронные часы

minute

минута

heure

час

lundi / понедельник
mardi / вторник
mercredi / среда
jeudi / четверг
vendredi / пятница
samedi / суббота
dimanche / воскресенье

hier
вчера

aujourd'hui
сегодня

demain
завтра

matin
утро

midi
полдень

soir
вечер

MO	TU	WE	TH	FR	SA	SU
1	2	3	4	5	6	7
8	9	10	11	12	13	14
15	16	17	18	19	20	21
22	23	24	25	26	27	28
29	30	31	1	2	3	4

jours ouvrables
рабочие дни

MO	TU	WE	TH	FR	SA	SU
1	2	3	4	5	6	7
8	9	10	11	12	13	14
15	16	17	18	19	20	21
22	23	24	25	26	27	28
29	30	31	1	2	3	4

week-end
выходные

pluie
дождь

arc-en-ciel
радуга

vent
ветер

neige
снег

printemps
весна

été
лето

automne
осень

hiver
зима

météo

прогноз погоды

thermomètre

термометр

lumière du soleil

солнечный свет

nuage

туча

brouillard

туман

humidité

влажность воздуха

foudre

молния

tonnerre

гром

tempête

буря

grêle

град

mousson

муссон

inondation

наводнение

glace

лёд

janvier

январь

février

февраль

mars

март

avril

апрель

mai

май

juin

июнь

juillet

июль

août

август

82

annÉe - год

septembre
....
сентябрь

octobre
....
октябрь

novembre
....
ноябрь

décembre
....
декабрь

formes
формы

cercle
....
круг

carré
....
квадрат

rectangle
....
прямоугольник

triangle
....
треугольник

sphère
....
шар

cube
....
куб

formes - формы

83

blanc

белый

jaune

желтый

orange

оранжевый

rose

розовый

rouge

красный

violet

лиловый

bleu

синий

vert

зелёный

marron

коричневый

gris

серый

noir

черный

beaucoup / peu

много / мало

fâché / calme

яростный / мирный

joli / laid

красивый / уродливый

début / fin

начало / конец

grand / petit

большой / маленький

clair / obscure

светлый / темный

frère / sœur

брат / сестра

propre / sale

чистый / грязный

complet / incomplet

полный / неполный

jour / nuit

день / ночь

mort / vivant

мёртвый / живой

large / étroit

широкий / узкий

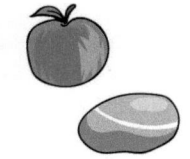

comestible / incomestible

съедобный / несъедобный

méchant / gentil

злой / дружелюбный

excité / ennuyé

взволнованный / скучающий

gros / mince

толстый / худой

premier / dernier

сначала / в конце

ami / ennemi

друг / враг

plein / vide

полный / пустой

dur / souple

твёрдый / мягкий

lourd / léger

тяжёлый / легкий

faim / soif

голод / жажда

malade / sain

больной / здоровый

illégal / légal

незаконный / законный

intelligent / stupide

умный / глупый

gauche / droite

слева / справа

proche / loin

близко / далеко

oppositions - противоположности

nouveau / usé

новый / подержанный

rien / quelque chose

ничто / нечто

vieux / jeune

старый / молодой

marche / arrêt

включено / выключено

ouvert / fermé

открыто / закрыто

faible / fort

тихо / громко

riche / pauvre

богатый / бедный

correct / incorrect

правильный /
неправильный

rugueux / lisse

шероховатый / гладкий

triste / heureux

печальный / счастливый

court / long

короткий / длинный

lent / rapide

медленный / быстрый

mouillé / sec

мокрый / сухой

chaud / froid

тёплый / прохладный

guerre / paix

война / мир

oppositions - противоположности

0

zéro

ноль

1

un

один

2

deux

два

3

trois

три

4

quatre

четыре

5

cinq

пять

6

six

шесть

7

sept

семь

8

huit

восемь

9

neuf

девять

10

dix

десять

11

onze

одиннадцать

12

douze

двенадцать

13

treize

тринадцать

14

quatorze

четырнадцать

15

quinze

пятнадцать

16

seize

шестнадцать

17

dix-sept

семнадцать

18

dix-huit

восемнадцать

19

dix-neuf

девятнадцать

20

vingt

двадцать

100

cent

сто

1.000

mille

тысяча

1.000.000

million

миллион

anglais

английский

anglais américain

американский английский

chinois mandarin

мандаринский китайский

hindi

хинди

espagnol

испанский

français

французский

arabe

арабский

russe

русский

portugais

португальский

bengali

бенгальский

allemand

немецкий

japonais

японский

je

я

tu

ты

il / elle

он / она / оно

nous

мы

vous

вы

ils / elles

они

qui?

кто?

quoi?

что?

comment?

как?

où?

где?

quand?

когда?

nom

имя

derrière

за

dans

в

devant

перед

au-dessus

над

sur

на

en-dessous

под

à côté de

рядом

entre

между

lieu

место